CB067917

pintando o SETE

caulos

Mondrian, o Holandês Voador

ROCCO
JOVENS LEITORES

Copyright © 2007 *by* Caulos

Direitos desta edição reservados à
EDITORA ROCCO LTDA.
Av. Pres. Wilson, 231 – 8º andar
20030-021 – Rio de Janeiro – RJ
Tel.: (21) 3525-2000 – Fax: (21) 3525-2001
rocco@rocco.com.br
www.rocco.com.br

Printed in Brazil/Impresso no Brasil

CIP-Brasil. Catalogação-na-fonte.
Sindicato Nacional dos Editores de Livros, RJ.

C362m Caulos, 1943-
Mondrian, o holandês voador / Caulos. – Rio de Janeiro: Rocco, 2007.
principalmente il. – (Pintando o sete)
ISBN 978-85-325-2186-6 – Primeira edição
1. Mondrian, Piet, 1872-1944 – Literatura infanto-juvenil.
2. Pintura holandesa – Século XX
Literatura infanto-juvenil. I. Título. II. Série
07-1456 CDD-028.5 CDU-087.5

Este livro foi impresso na Editora JPA Ltda., Av. Brasil, 10.600 – Rio de Janeiro – RJ
para a Editora Rocco Ltda.

caulos

Mondrian, o Holandês Voador

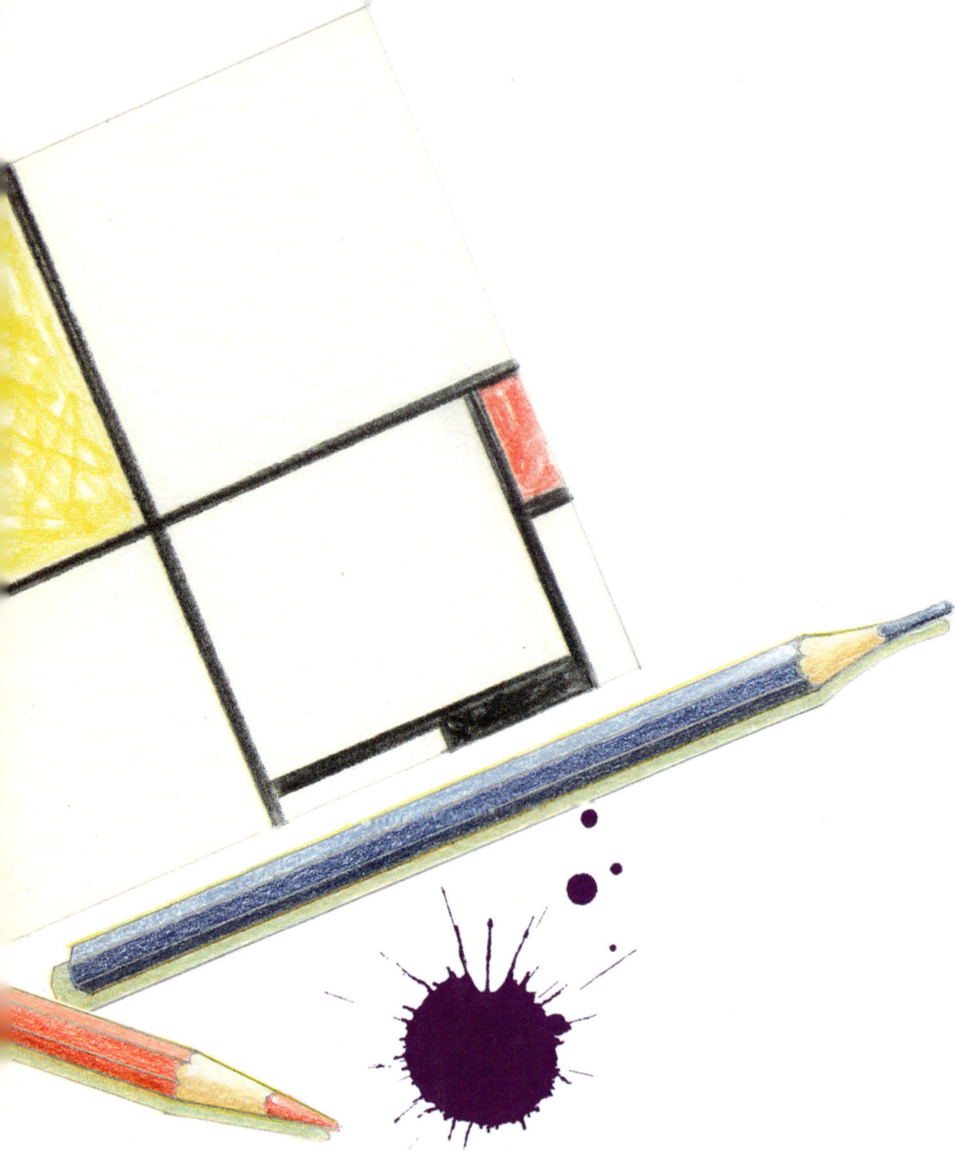

Piet Mondrian nasceu na Holanda ou Países Baixos.

8

A Holanda é chamada de Países Baixos porque é baixa,
não tem nenhuma montanha e
fica no mesmo nível do mar,

10

ou melhor,
a Holanda fica abaixo do nível do mar.

Para a água não entrar e molhar os seus pés,
os holandeses construíram muitos diques.
A Holanda é um país cercado de diques por todos
os lados.

Mesmo assim, de vez em quando,
o mar faz uma onda um pouco mais alta
e um pouquinho de água sempre vaza.
Por isso, os holandeses usam tamancos de madeira grossa.
Assim, eles ficam mais altos e não molham os pés.

Perto de onde Mondrian morava, havia um píer.

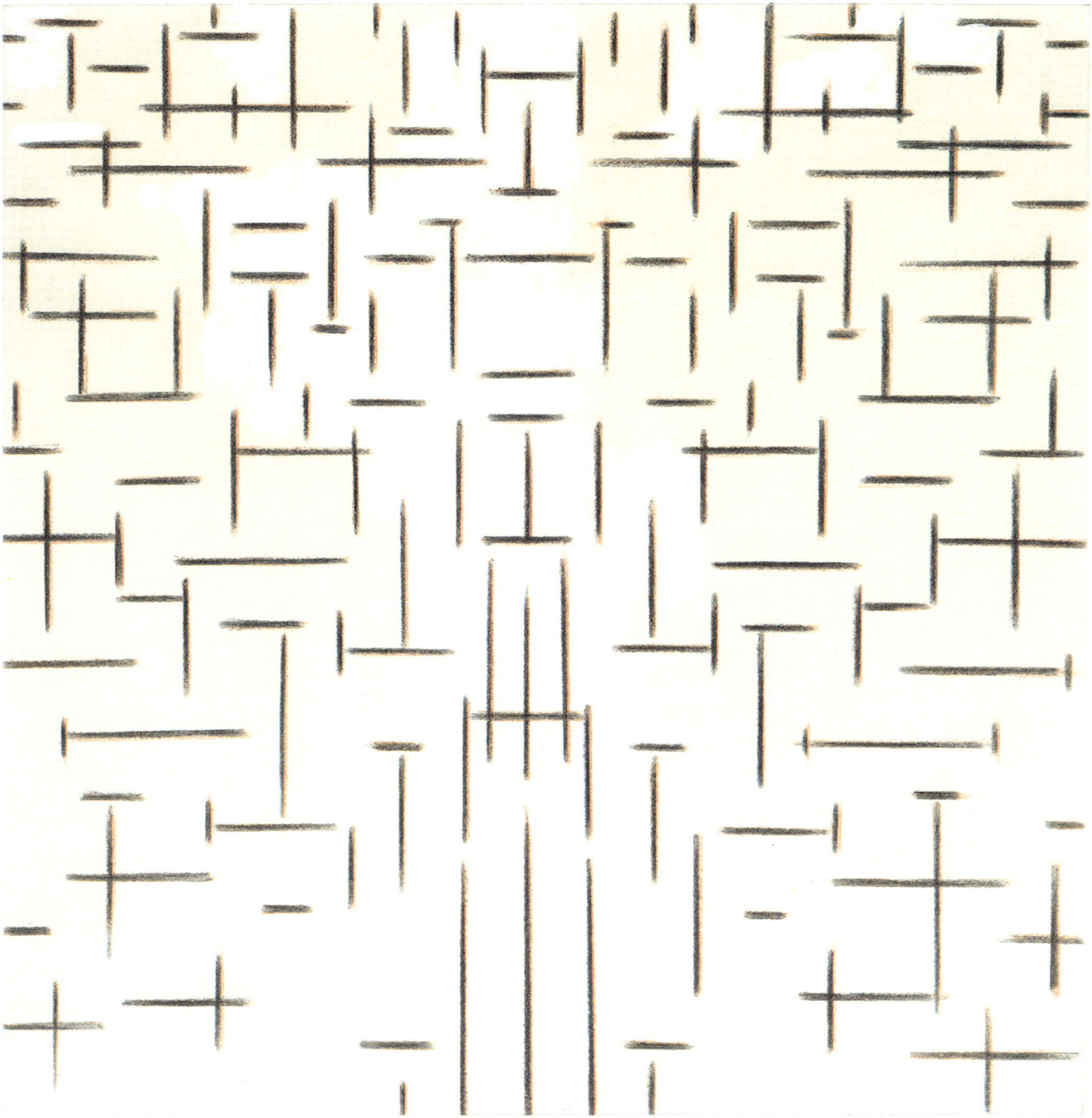

14

Ele desenhou aquele píer muitas vezes.
E cada vez que desenhava,
apagava o que achava que não fazia falta
e ia aperfeiçoando seu desenho.

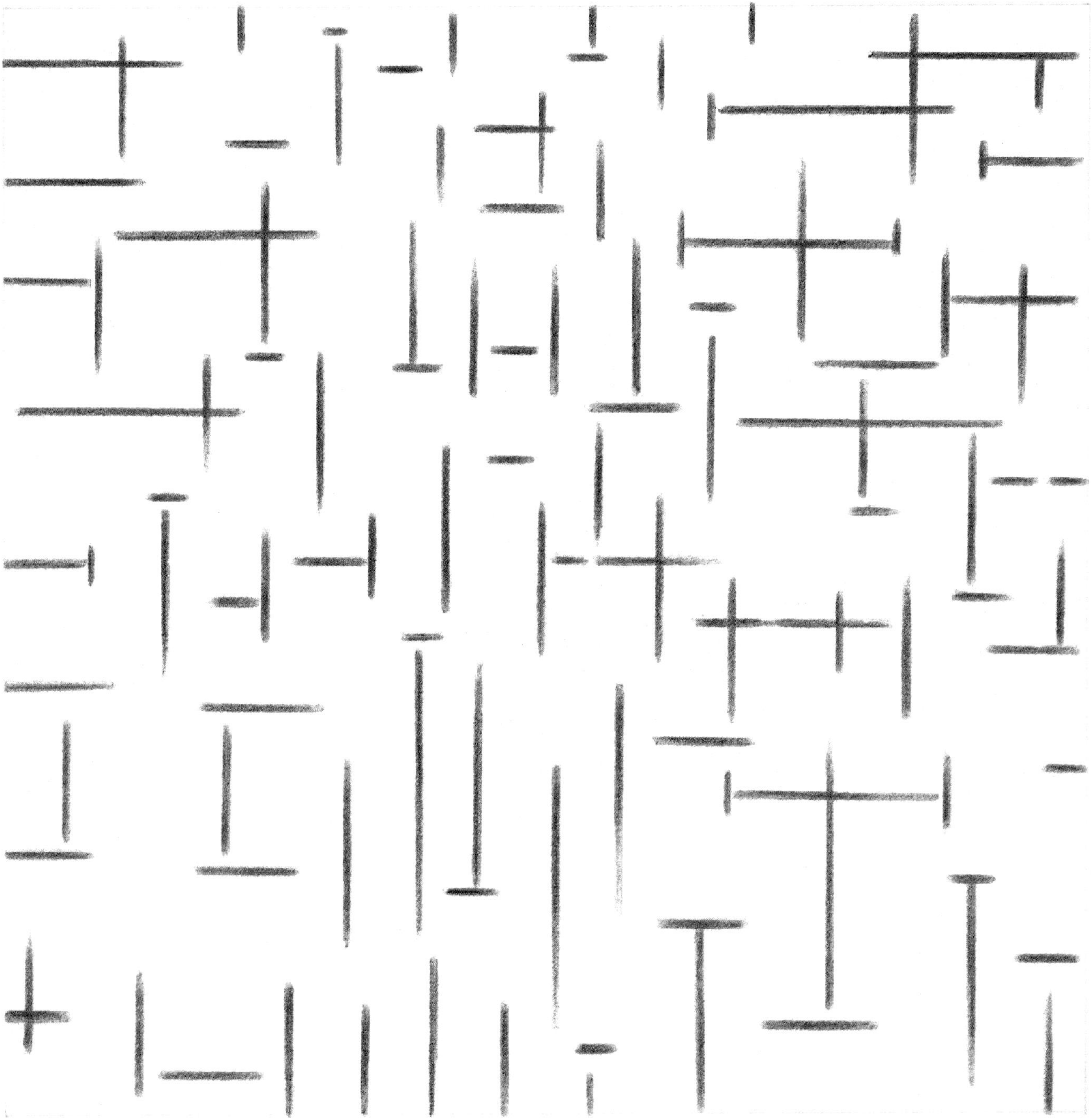

O desenho foi ficando cada vez mais simples,
cada vez mais perfeito.

Nunca antes o píer tinha sido tão bem desenhado.

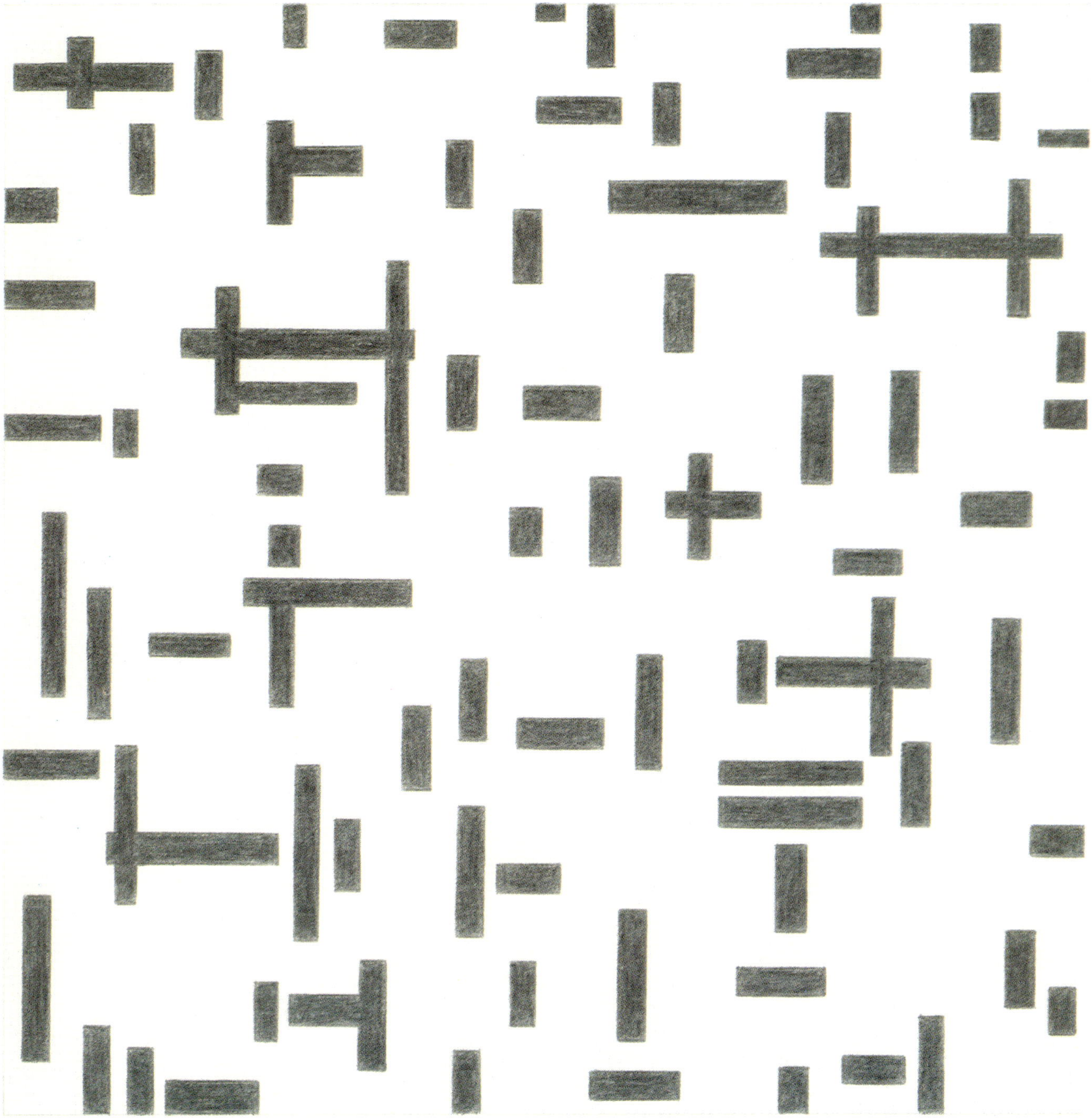

18

Como a Holanda não tem montanhas,
as estradas lá têm muitas retas,
e uma sempre encontra outra.

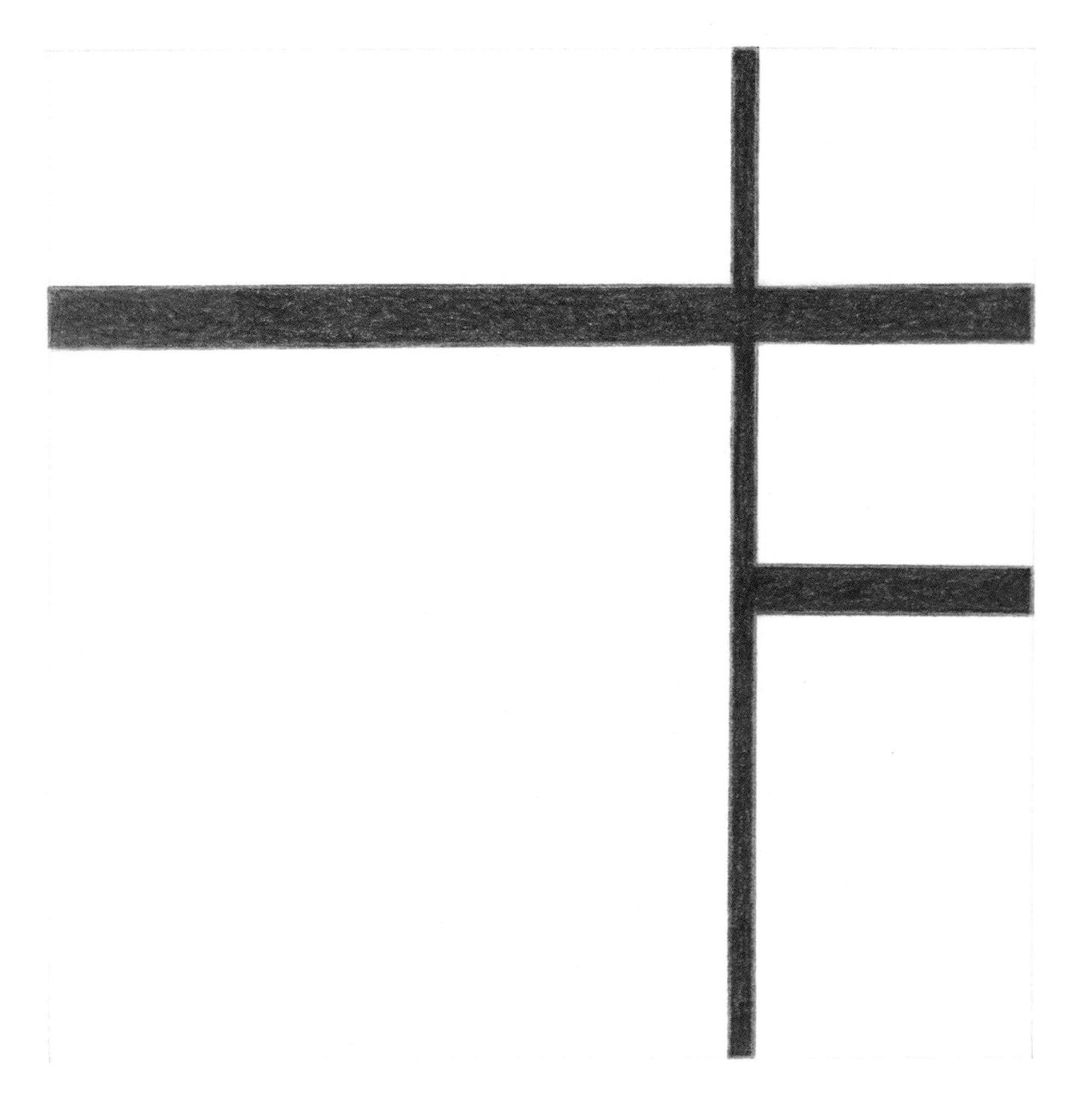

20

Elas se encontram, continuam seu caminho
e lá na frente encontram outra e mais outra.
Às vezes, uma começa de outra que também começa de uma outra,
e assim por diante.

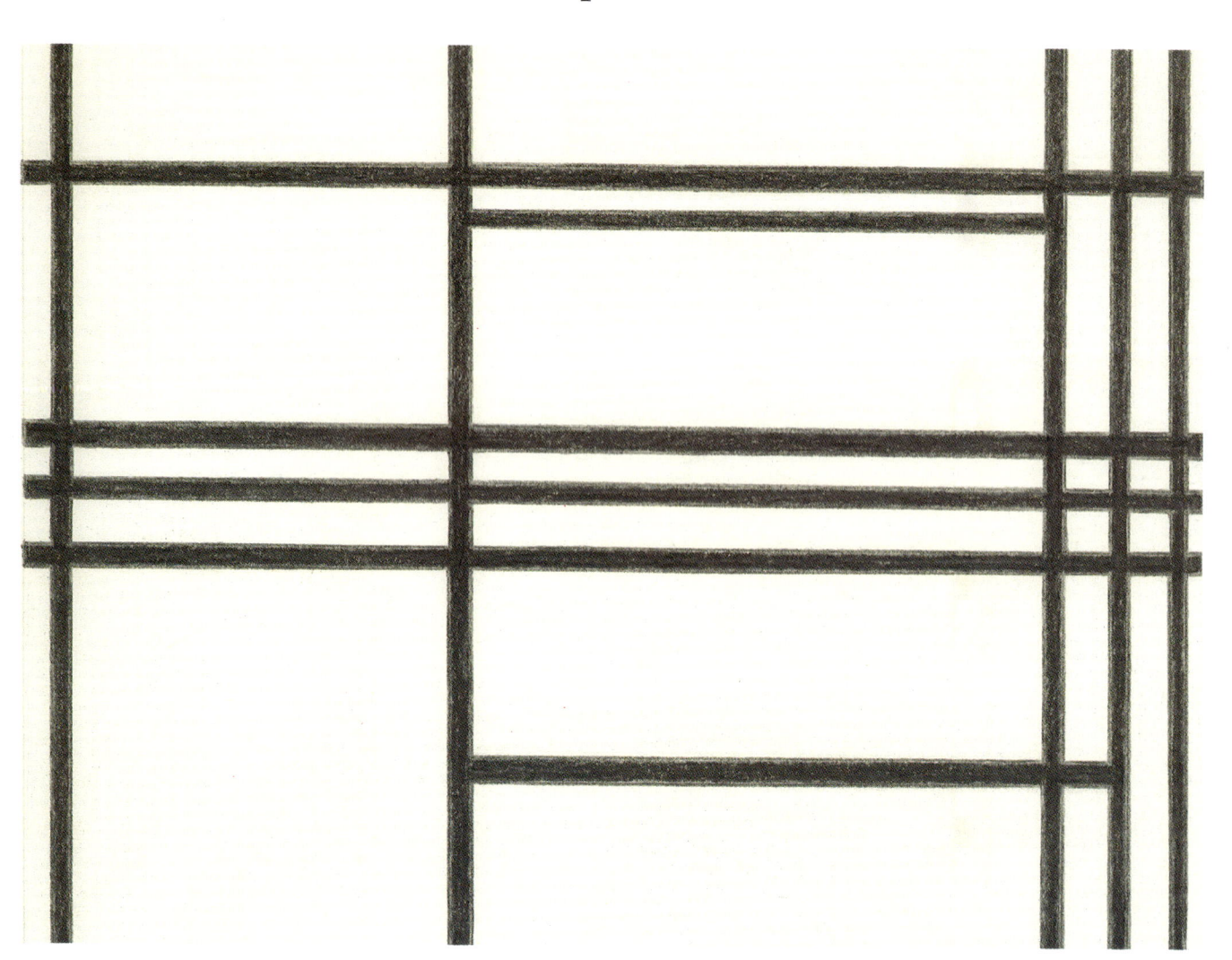

21

Nos feriados nacionais, a Holanda fica toda colorida com as cores da sua bandeira.

22

Mas, então, uma coisa feia e sem graça
aconteceu na Europa,

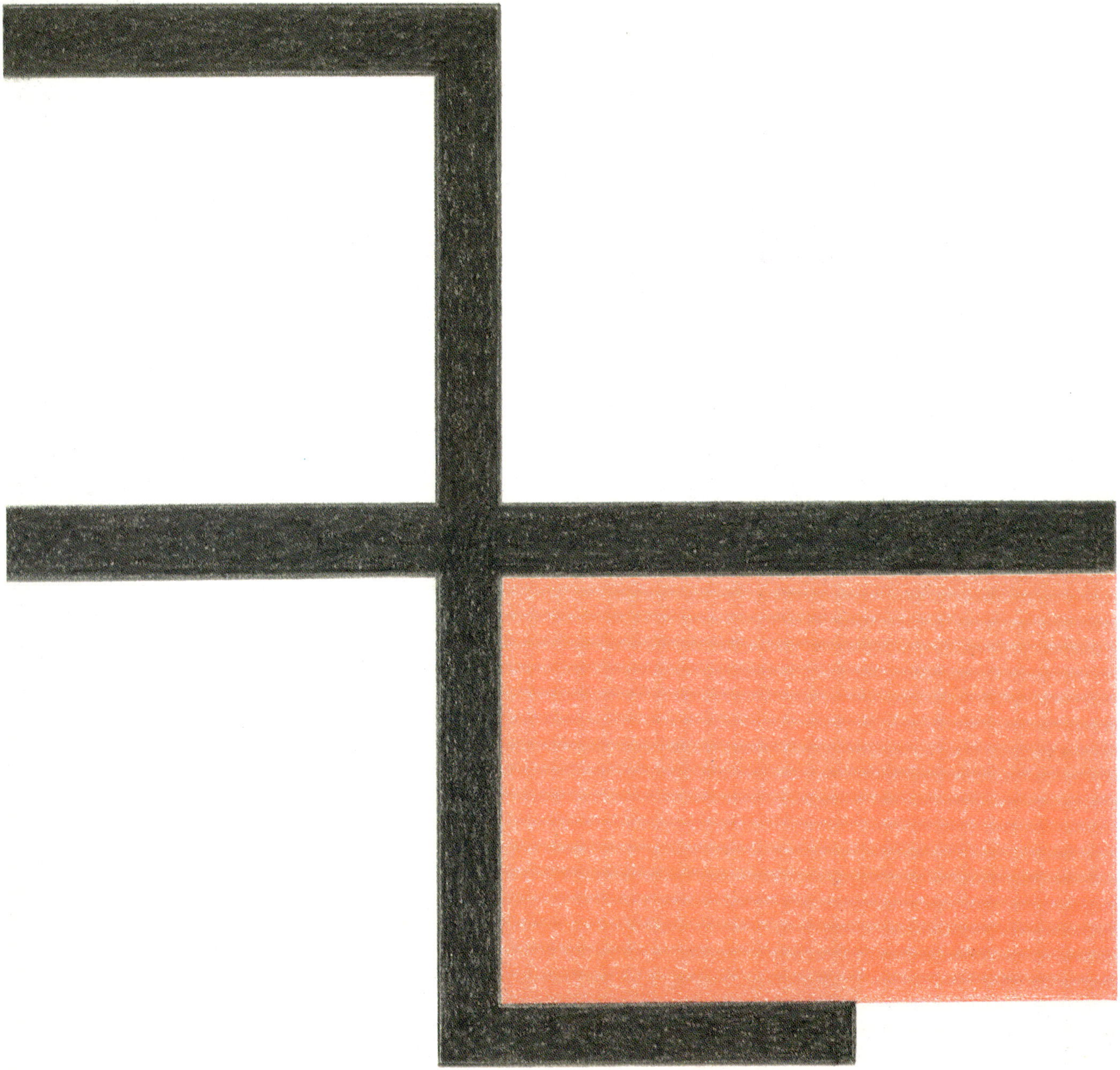

24

e Mondrian foi obrigado a deixar sua casa, seu país
e atravessar o oceano Atlântico.

25

Ele foi morar nos Estados Unidos da América.

Lá, nos Estados Unidos, Mondrian morava em Nova York,
que fica na ilha de Manhattan.
Ele se sentia em casa, cercado de água por todos os lados.
As ruas de Manhattan formam com as avenidas
um enorme quadriculado.
Quem já jogou batalha-naval ou fez palavras cruzadas
nunca vai se perder em Nova York.

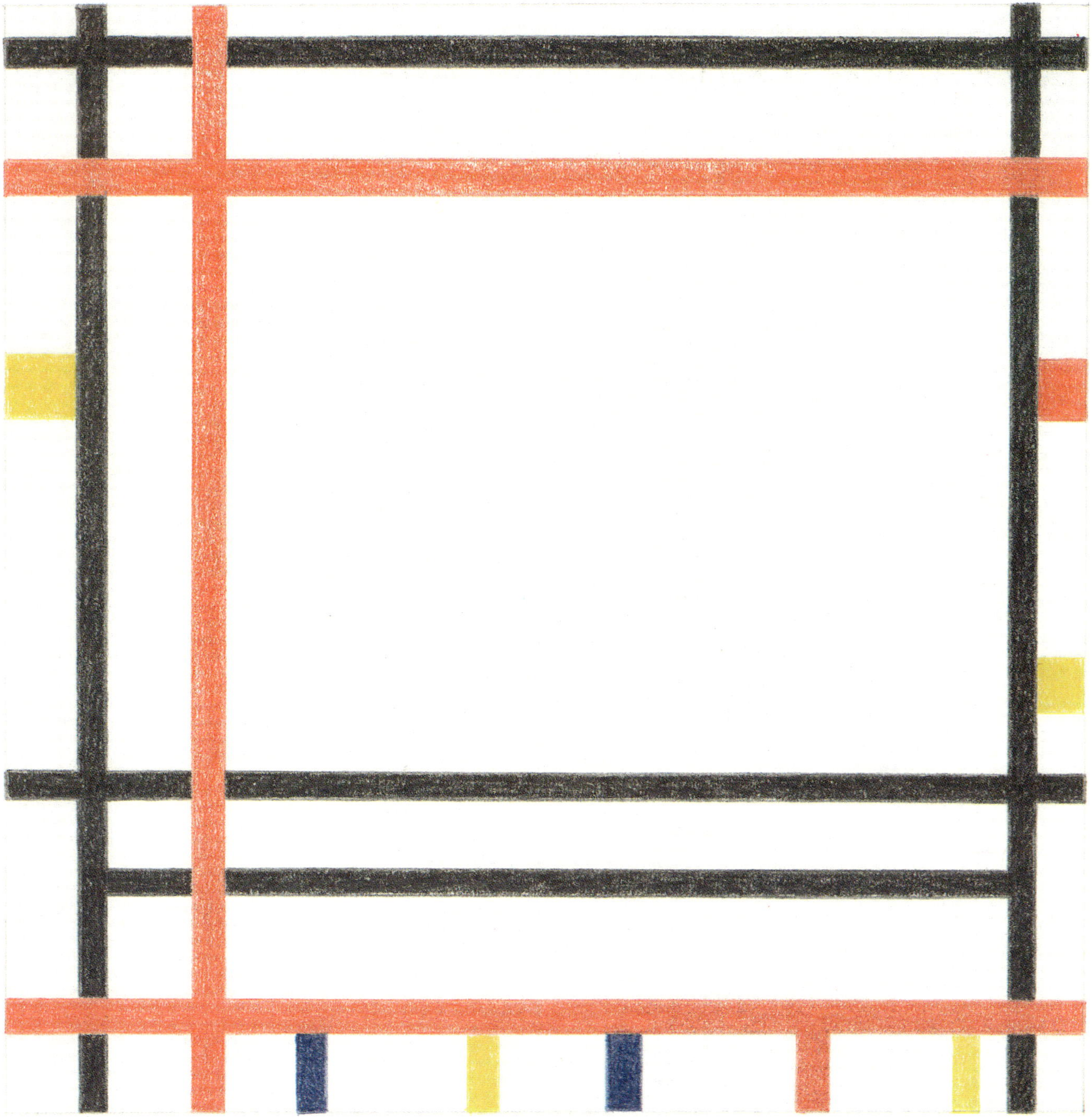

Mondrian pintou a cidade de várias maneiras.
Todas muito perfeitas.

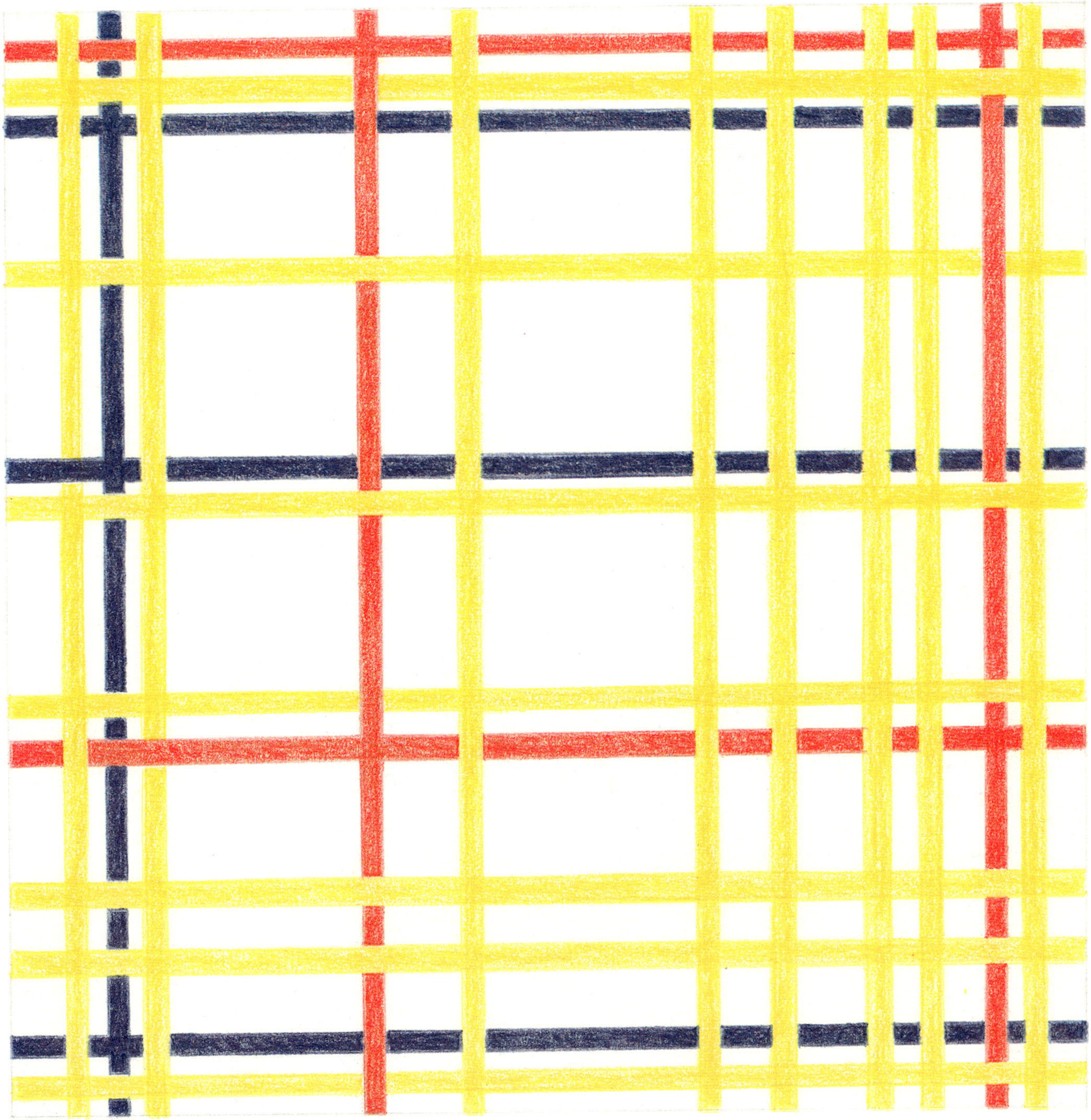

Ele gostava do jazz, a música dos negros americanos,
e adorava andar nos táxis amarelos da cidade.
Seus quadros ficaram então muito alegres e muito movimentados.

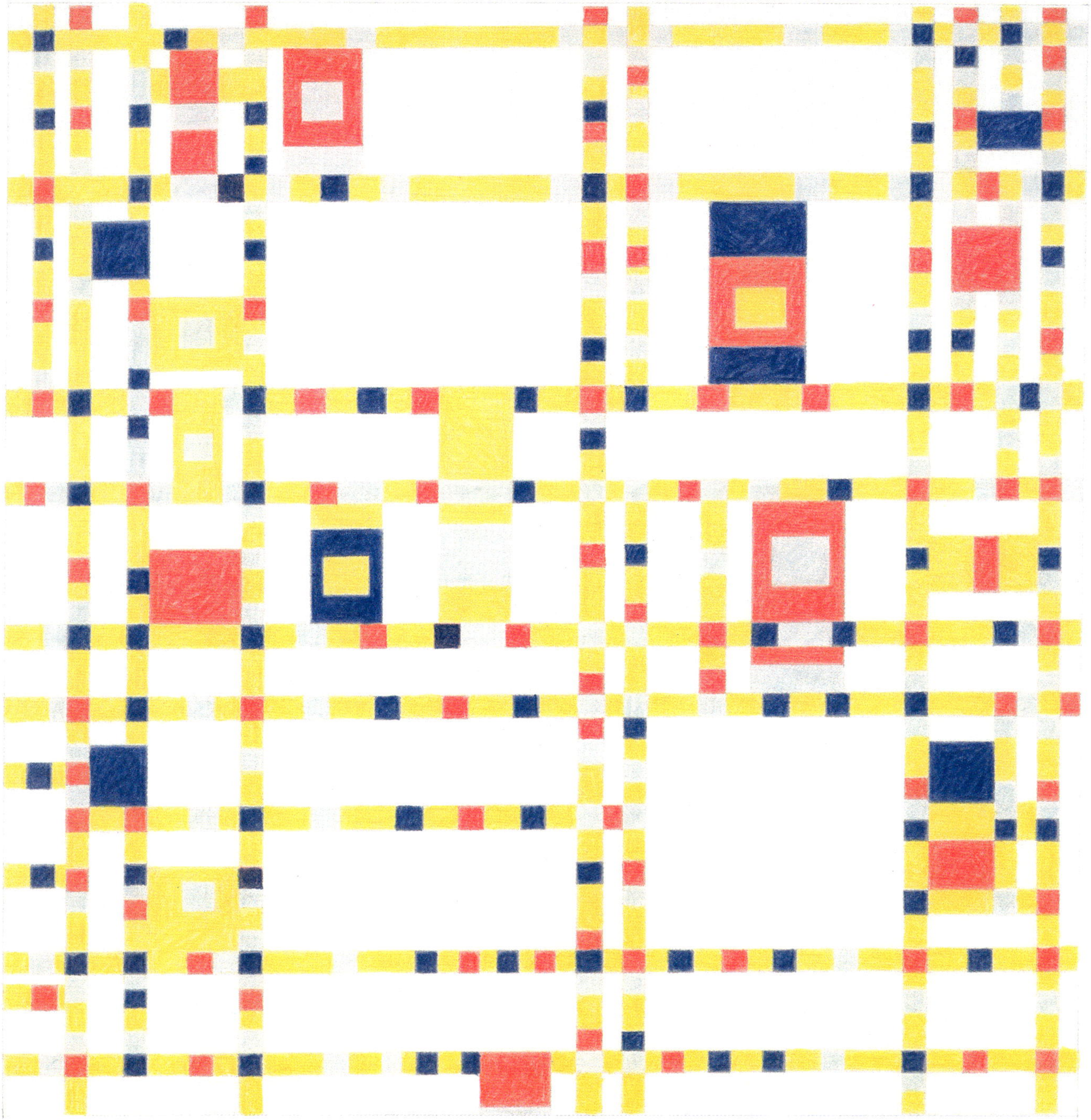

Quem já viu um desses quadros do Mondrian
e for visitar Nova York, não vai se surpreender.

Mondrian, como todos os pintores, pintava o que via.

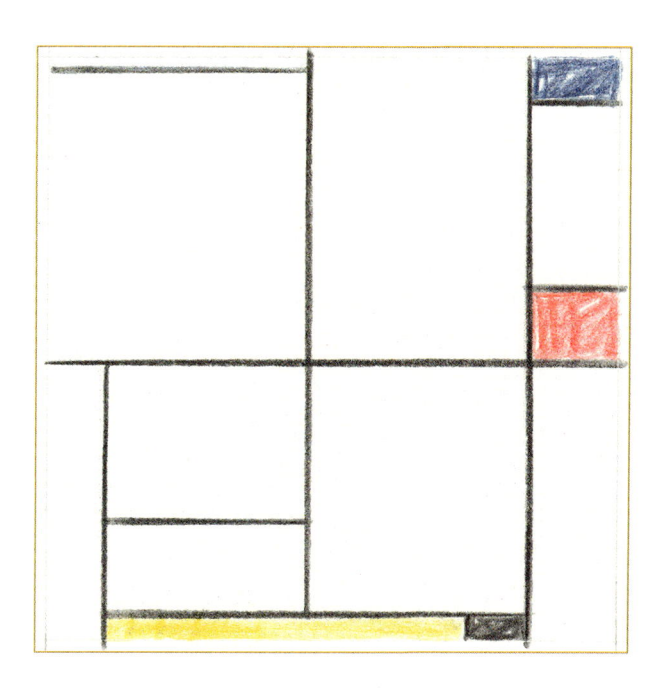

Fim.

Este livro é dedicado à *Luiza*, minha filha bailarina,
que quando dança voa.

Pieter Cornelis Mondriaan (1872-1944)

Estudou arte na Academia de Amsterdam e foi desenhista técnico antes de se dedicar inteiramente à pintura. Começou pintando as paisagens da Holanda de uma maneira realista até 1910, quando mudou para Paris e descobriu o cubismo. A partir daí, foi simplificando suas composições até chegar a uma forma abstrata de muita clareza, estilo que é a sua assinatura na História da Arte. Seus últimos quadros, pintados em Nova York, são vibrantes como a grande cidade, cheia de sons e luzes.

Quase todos os desenhos que ilustram este livro são composições livres do autor baseadas em Mondrian. Outros são representações, em pastel e lápis de cor sobre papel, das pinturas originais do artista holandês.

Página 13, *Píer e oceano*, 1914 (carvão e aquarela branca sobre papel, 84 x 101cm).
The Museum of Modern Art, Nova York.

Página 15, *Píer e oceano (composição nº. 10)*, 1915 (óleo sobre tela, 85 x 110cm).
State Museum Kröller-Müller, Otterlo.

Página 17, *Composição com linhas (composição em preto e branco)*, 1917 (óleo sobre tela, 108 x 108cm).
State Museum Kröller-Müller, Otterlo.

Página 19, *Composição II com linhas pretas*, 1930 (óleo sobre tela, 41 x 33cm).
Stedelijk Van Abbe Museum, Eindhoven.

Página 27, *Nova York*, 1941/42 (óleo sobre tela, 95 x 92cm).
Hester Diamond, Nova York.

Página 29, *New York City I*, 1941/42 (óleo sobre tela, 120 x 144cm).
Musée National d'Art Moderne, Centre Georges Pompidou, Paris.

Página 31, *Broadway Boogie-Woogie*, 1942/43 (óleo sobre tela, 127 x 127cm).
The Museum of Modern Art, Nova York.

2ª orelha, *Composição com azul e amarelo (composição I)*, 1925 (óleo sobre tela, diagonal, 112cm)
Kunsthaus Zurich, Vereinigung Zürcher, Kunstfreunde